CÓMO HACER AMIGOS EN LA ESCUELA

Secretos para construir relaciones sociales saludables en la escuela secundaria, la universidad o la universidad

S. G TREASURE

PUBLICADO POR:

Amazon Kindle Direct Publishing,

Seattle,

Washington DC,

United States.

CÓMO HACER AMIGOS EN LA ESCUELA

Secretos para construir relaciones sociales saludables en la escuela secundaria, la universidad o la universidad

ISBN: 979-8872152774

Publicado por primera vez en 2023

RESERVADOS TODOS LOS DERECHOS

DEDICACIÓN

Este libro está dedicado a Dios Todopoderoso, dador de vida, sabiduría, conocimiento y comprensión.

Y a todos los jóvenes que luchan contra el sentimiento no deseado de soledad en la escuela.

AGRADECIMIENTOS

Primero, mi agradecimiento a Dios Todopoderoso, quien me dio la sabiduría para escribir este libro. Muchísimas gracias a mi familia por su incansable apoyo y contribución al éxito de este libro. Muchas gracias al amor de mi vida, Comfort Davids, por su comprensión y apoyo mientras escribía el manuscrito de este libro.

El evangelista principal Samson Folarin y el evangelista Samuel Edunjobi merecen asientos especiales en mi salón de agradecimiento. Su guía y tutoría desinteresadas, que sentaron las bases de este libro, no pueden pasar desapercibidas.

Por último, mi agradecimiento al Wikcionario (un diccionario en línea), así como a la Wikipedia. Ambos me sirvieron como materiales de referencia mientras escribía el manuscrito de este libro.

Y a otros que de una manera u otra han contribuido al éxito de este trabajo, les expreso mi profunda gratitud y les digo: "Dios los bendiga a todos". Gracias a todos.

-S. G TREASURE

Diciembre 2023.

PREFACIO

Varios estudiantes de secundaria y universitarios tienen dificultades para hacer amigos en la escuela, lo que puede tener un impacto negativo en su bienestar físico, emocional y psicológico. Según las investigaciones, una vida social saludable en la escuela puede fomentar actitudes positivas de aprendizaje, así como un mejor rendimiento académico, mientras que una vida deficiente puede provocar un bajo rendimiento académico o un abandono total de la escuela.

Las conexiones sociales fuera del hogar son indispensables, ya que crean un sentimiento de realización, independencia y pertenencia en los jóvenes. Los amigos que se conocen en la escuela secundaria o en la universidad pueden desempeñar un papel positivo en la configuración de la vida y el futuro de los jóvenes. A veces, los amigos pueden ser un trampolín para alcanzar la grandeza en la vida.

En vista de esto, se ha escrito el libro **"CÓMO HACER AMIGOS EN LA ESCUELA"**. El libro se ha publicado para ayudar a los estudiantes de secundaria y universitarios a hacer amigos y establecer conexiones sociales en la escuela con relativa facilidad. El libro comparte alrededor de nueve (9) obstáculos que impiden que los estudiantes de la escuela desarrollen una vida social saludable, así como veintiocho (28) pasos para construir amistades de calidad y relaciones sociales duraderas en la escuela.

En consecuencia, los estudiantes de secundaria, terciario o universitario, que consideran que la conexión social con sus compañeros de estudios es una tarea hercúlea, encontrarán este libro útil, provechoso y altamente irresistible. ¡La bienvenida a bordo!!

-S.G Treasure

Diciembre 2023.

INTRODUCCIÓN

Construir una vida social saludable es un paso importante hacia una vida académica saludable. Desafortunadamente, muchos estudiantes experimentan soledad en la escuela. Viven su vida académica en soledad y aislamiento. Aunque anhelan la conexión social con los demás, es posible que los demás alumnos no estén interesados en ellos o que sean demasiado tímidos para acercarse a ellos. Lamentablemente, aproximadamente uno de cada diez escolares pertenece a esta categoría. No tienen amigos y la mayoría de sus compañeros no les agradan.

Sin embargo, no todo está perdido. Hacer amigos y construir relaciones sociales saludables con los demás es una habilidad social que cualquiera puede aprender. Incluso, el alumno con menos mentalidad social puede alcanzar la prominencia social a los pocos días de leer este libro.Los alumnos de la escuela que no tienen amigos tienen más probabilidades de sufrir ansiedad y depresión que aquellos que tienen al menos un amigo. También es probable que se vean perjudicados por experiencias de victimización que vienen con el aislamiento, la soledad y el rechazo. Tener un solo amigo que le brinde apoyo, leal y de confianza promueve el desarrollo de la resiliencia psicológica, que desempeña un papel protector al gestionar las relaciones con compañeros difíciles, grupos de pares o acosadores.

Sin embargo, no podemos abordar las deficiencias en las habilidades de conexión social de los jóvenes sin abordar primero las causas fundamentales. En el primer capítulo de este libro, analizaremos los factores que impiden o dificultan que los estudiantes forjen amistades de calidad y una vida social saludable en la escuela.

CAPÍTULO 1

FACTORES QUE IMPIDEN QUE LOS ESTUDIANTES HAGAN AMIGOS REALES EN LA ESCUELA

En este capítulo analizaremos los factores que impiden y desalientan a los estudiantes de secundaria y universitarios de acercarse a otros en busca de amistad. Hay muchos factores que impiden que los estudiantes forjen amistades y conexiones sociales de calidad en la escuela, e incluyen los siguientes:

#1.

BAJA ESTIMA

Los estudiantes con baja autoestima o autoestima a menudo experimentan dificultades para hacer y mantener amigos en la escuela. Les resulta difícil construir relaciones sociales saludables e interactuar con sus compañeros. Por lo tanto, tienen pocos o ningún amigo, lo que les hace sufrir soledad en la escuela. La baja autoestima es un sentimiento negativo de insuficiencia. Es un sentimiento de no creer en uno mismo ni en sus capacidades. Una persona que sufre de baja autoestima se compara con los demás y los ve como superiores, mientras que él mismo se ve a sí mismo como inferior. En consecuencia, esto afecta la forma en que se relaciona con sus pares. Una víctima de baja autoestima se menosprecia a sí misma y se centra en sus debilidades en lugar de en sus fortalezas. En consecuencia, tener una baja autoestima puede ser una de las principales causas de la mala vida social de los jóvenes.

¿QUÉ ES LA BAJA AUTOESTIMA?

Si tiene una mala opinión de sí mismo o piensa constantemente que no tiene un rendimiento satisfactorio y que no es digno de recibir elogios o elogios de los demás, entonces podría estar sufriendo de baja autoestima. La autoestima generalmente se refiere a la opinión general que uno tiene de sí mismo. Si tu opinión sobre ti mismo es baja, entonces estás sufriendo de baja autoestima, y si es alta, entonces tienes una autoestima sana.La baja autoestima se puede definir como la falta de confianza en uno mismo o verse a uno mismo como indigno, inadecuado, incompetente, no digno de ser amado o inútil.

Tener pensamientos negativos y autocríticos sobre uno mismo puede afectar el comportamiento, la actitud y la relación con otras personas, especialmente con sus compañeros en la escuela. En consecuencia, esto puede someterlo a una vida de soledad dentro del entorno escolar. Por lo tanto, es importante que se haga algo para eliminar la baja autoestima de la vida para poder construir amistades y relaciones sociales de calidad en la escuela.

Generalmente, la baja autoestima es un comportamiento aprendido que, en última instancia, puede desaprenderse. Es posible que el sentimiento se haya aprendido durante la niñez o durante el crecimiento. Es posible que tus padres te hayan programado erróneamente en tu mente que "no sirves para nada, eres un inútil y parece que no puedes hacer nada bien". Es posible que hayas aprendido de tus amigos de la infancia que eres demasiado gordo, demasiado delgado, demasiado bajo, demasiado alto o demasiado feo.

Las opiniones que dañan la autoestima suelen aprenderse de las personas. Pero estas opiniones aprendidas en realidad pueden desaprenderse. Esto implica que esos sentimientos inadecuados de autoestima que estás experimentando ahora te los enseñó alguien, junto con el hecho de que tú también decidiste concentrarte más en tus áreas de debilidades que en tus fortalezas. La verdad es que quienes te critican también tienen sus propias debilidades, pero deciden ocultar las suyas y magnificar las tuyas. Cuanto antes comprendas y aceptes el hecho de que todo el mundo tiene una debilidad, mejor para ti.

Las opiniones y puntos de vista negativos sobre un individuo tienden a dañar la estima de dicho individuo. En consecuencia, con el tiempo, la víctima comienza a verse a sí misma exactamente como los demás la ven y la describen. Comienza a verse a sí mismo como inútil, bueno para nada e inferior a los demás.

Sin embargo, para poder cambiar y desaprender estos puntos de vista y opiniones mal aprendidos sobre uno mismo, es importante que la víctima comience a adoptar nuevas creencias y opiniones sobre sí misma, y eso comienza con el entendimiento de que nadie es perfecto. La víctima puede ir más allá enumerando todas las buenas cualidades que posee y anotando todos sus puntos fuertes. La víctima debe hacer una lista de todos los buenos hábitos que posee.

La razón por la que muchas personas son víctimas de una baja autoestima es porque parece que no pueden ver nada bueno en sí mismos. Todo lo que ven son los negativos. Cuando se hayan identificado las fortalezas, las buenas cualidades y los hábitos de la víctima, esto le ayudará a deshacer todos los comentarios y opiniones negativos que ha absorbido sobre sí misma a lo largo de los años. Sus aspectos positivos y sus puntos fuertes definitivamente eclipsarán las pocas debilidades que la gente magnifica para hacerlo sentir inferior.

La baja autoestima en los jóvenes puede ocurrir como resultado de ciertos factores, que pueden incluir; genética (destreza académica), apariencia física (tamaño y apariencia), estatus social, estatus económico, estatus financiero, experiencias emocionales significativas, estigma social, presión de grupo e intimidación. Nunca debemos permitir que nada de esto afecte nuestra estima. Siempre hay algo precioso que poseemos y que otros no tienen.

Sin embargo, los siguientes son algunos de los síntomas de baja autoestima en los jóvenes que les impide socializar y construir amistades de calidad en la escuela. Si posees alguna de estas cualidades, es posible que estés sufriendo de baja autoestima:

1. Realizar una fuerte autocrítica hacia uno mismo y estar insatisfecho consigo mismo.

2. Ser hipersensible a las críticas de los demás.

3. Preocuparse mucho por lo que sus compañeros y otras personas dicen o piensan sobre usted.

4. Querer agradar a todos y no querer ofender a nadie.

5. Tener siempre miedo de cometer errores.

6. Siempre buscando la aprobación de tus compañeros y otras personas.

7. Insistir demasiado en tus errores y exagerarlos.

8. Le resulta difícil perdonarse a sí mismo cuando comete errores costosos.

9. Ser generalmente pesimista acerca de la vida.

10. Ser inusualmente envidioso, resentido y celoso de sus compañeros y otras personas.

11. Ser demasiado crítico consigo mismo.

Por suerte, todas estas cualidades y comportamientos negativos mencionados anteriormente se pueden desaprender. Para desaprenderlos, es posible que tengas que establecer nuevos principios y sistemas de creencias saludables. Incluyen lo siguiente::

1. Acepta el hecho de que tienes defectos: Acepta el hecho de que tienes debilidades, pero concéntrate más en tus fortalezas. Esto le ayudará a combatir cualquier sentimiento negativo de baja autoestima.

2. Deja de compararte con los demás: comprende el hecho de que todos somos creados de manera diferente con diferentes características y propósitos. Algunos son altos mientras que otros son bajos. Algunos son creados con cualidades inteligentes especiales, mientras que otros no. Pero debes comprender el hecho de que hay otras grandes cualidades que posees y que tus pares y otras personas con las que te comparas no tienen.

Apreciar las buenas cualidades que tienes es muy clave para superar la baja autoestima. Apreciar la forma en que Dios te creó y todo lo que te ha dado es un buen paso en la dirección correcta. El atajo más corto para una autoestima sana es la satisfacción.

3. Nunca intentes complacer a nadie: entiendo el hecho de que tus padres, familiares, compañeros, amigos y la sociedad en general suelen poner expectativas en las personas, pero no es necesario que cumplas con todas sus expectativas. Si realmente quieres superar la baja autoestima, debes empezar a aprender a ser tú mismo y vivir tu vida para complacerte a ti mismo. Deja de intentar vivir tu vida para complacer a los demás.

Nunca compares tus logros con los de tus compañeros. En su lugar, establezca límites y metas y sígalos. Recuerda que todos somos creados de manera diferente y cada uno de nosotros tiene un propósito diferente que cumplir. Una vez que aprendas a dejar de compararte con los demás, serás más feliz contigo mismo y desarrollarás una autoestima y una autoestima más saludables.

4. Rodéate de gente positiva: Aléjate de personas que te llenan la cabeza con malas opiniones sobre ti mismo. Evita los compañeros de escuela o de clase que te hagan sentir inferior e inútil. Sea duro con las personas que siempre le recuerdan sus debilidades en lugar de sus fortalezas. Esto se debe a que lo que ves y escuchas sobre ti mismo afecta significativamente tu autoestima. A veces, esas cosas tienen un efecto permanente en la forma en que se ven a sí mismos. Lo creas o no, las personas que te rodean o con las que interactuaste en el pasado han contribuido a la persona que eres hoy.

En lugar de eso, rodéate de gente positiva. Pasa tiempo con compañeros de clase y contemporáneos que te hagan sentir bien contigo mismo. Rodéate de personas que vean tus fortalezas y se esfuercen por hacerte una mejor persona, no de aquellos que te menosprecian.

5. Cree firmemente en tus valores y principios personales: protege tus valores y principios personales y prepárate para defenderlos cuando sean atacados. Pero esté lo suficientemente seguro como para modificarlos a la luz de una mayor convicción o experiencia.

6. Identifique, explore y haga alarde de sus áreas de fortaleza: cuando explora y hace alarde de sus áreas de fortaleza, no solo aumenta su confianza en sí mismo y su estima, sino que también hace que otros se interesen en usted. Algunos de tus compañeros naturalmente querrán ser tus amigos. Se acercarán a ti por tu amistad. Por ejemplo, si la brillantez académica es una de tus fortalezas, haz alarde de ella. Te conseguirá más amigos. Del mismo modo, si se trata de otras habilidades vocacionales como habilidades deportivas, habilidades culinarias y otras habilidades, esfuércese por mostrarlas y hacer alarde de ellas, atraerá más amigos.

7. Confía en tu propio criterio: Esfuérzate en actuar según lo que crees que es mejor para ti. Confíe en su propio criterio y no se sienta culpable ni se disculpe cuando a los demás no les gusten sus elecciones y creencias personales.

8. No pierdas el tiempo preocupándote excesivamente por lo que pasó en el pasado, ni por lo que podría pasar en el futuro: Esfuérzate por aprender del pasado y planificar el futuro, pero vive el presente.

9. Esfuérzate por confiar en tu capacidad para resolver problemas: No te rindas después de haber fracasado en el intento de alcanzar un sueño. Nunca seas demasiado grande para pedir ayuda cuando sea necesario.

10. Nunca te preocupes por la opinión que la gente tiene sobre ti: No puedes complacer a todos. La gente siempre hablará independientemente de lo que hagas. El atajo más corto hacia el fracaso es tratar de complacer a todos. Nunca te preocupes por lo que la gente diga de ti.

11. Considérate a ti mismo y a los demás como iguales: Nunca te consideres inferior a los demás. Puede que sean mejores que usted en un área, pero usted definitivamente es mejor que ellos en otras áreas. Con este conocimiento, no tiene por qué sentirse inferior a nadie simplemente porque hace alarde de sus propias áreas de fortaleza.

12. Comprenda lo importante y valioso que es para los demás y el mundo en general: esfuércese por valorarse a sí mismo. Si no te consideras importante, nadie lo hará.

13. Negarse a ser manipulado: Resista la manipulación y el acoso. Mantente firme en lo que crees.

En conclusión, superar la baja autoestima es un proceso que requiere mucho tiempo y paciencia. Por supuesto, habrá momentos en los que sientas que no hay cambios o que estás perdiendo el tiempo. También habrá momentos en los que querrás rendirte y asociarte con esas mismas personas que te menospreciaron. No dejes que estos momentos te impidan tu viaje. Levántese y persevere y, al final, logrará sus objetivos viviendo una vida más feliz y exitosa, mientras construye relaciones sociales significativas y saludables con sus pares y otras personas.

#2.

TIMIDEZ

Otro impedimento que impide a los jóvenes socializar y hacer amigos en la escuela es la timidez. Al igual que la baja autoestima, a los estudiantes tímidos a menudo les resulta difícil acercarse a sus compañeros e interactuar con ellos. A pesar de que desean tanto las relaciones sociales, les resulta muy difícil conectarse con las personas y tener relaciones sociales con ellas. Esto los deja aislados la mayor parte del tiempo. La timidez puede denominarse falta de coraje y confianza para acercarse a los demás y tener una relación sana con ellos. Es la incapacidad de afrontar la ansiedad de interactuar y socializar con los demás y el miedo a lo que los demás puedan pensar de ellos.

La timidez se refiere al sentimiento de aprensión, falta de comodidad o ansiedad cuando se está en compañía de otros, especialmente cuando se está en compañía de personas nuevas y desconocidas.

A algunos les resulta muy fácil conectarse con otros y hacer nuevos amigos en el proceso, mientras que a otros no les resulta muy fácil. Algunos estudiantes son naturalmente callados y tímidos cuando se trata de socializar y hacer nuevos amigos. A algunos les lleva algo de tiempo adaptarse a nuevos entornos y personas.

La timidez es una emoción que afecta cómo una persona se siente o se comporta con otras personas. Se refiere a un sentimiento incómodo, cohibido, nervioso e inseguro durante la interacción y comunicación social. Las personas tímidas a menudo experimentan repentinas sensaciones de falta de habla, temblores o falta de aliento cuando están en compañía de personas que no conocen. Esto es más común en estudiantes que acaban de cambiar de escuela.

Sin embargo, la timidez y la incapacidad para hacer amigos tienen algo en común. Es probable que un alumno tímido sufra de soledad, ya que puede resultarle difícil mantener una vida social saludable y una relación con sus compañeros. Como humanos, fuimos creados como criaturas sociales. Tener amigos nos hace más felices y saludables. De hecho, estar socialmente conectado es clave para nuestra salud mental y emocional. Sin embargo, muchos son tímidos. Se sienten incómodos con personas nuevas y desconocidas. A menudo no están seguros de qué decir y también les preocupa lo que otros puedan pensar de ellos. Esto les hace evitar la conexión social por completo. Tienden a aislarse de los demás y gradualmente se vuelven aislados y solitarios.

La timidez dificulta la conexión y la interacción social. A una persona le resulta difícil hacer nuevos amigos, lo que sigue siendo la única forma viable de salir de la soledad.

La verdad es que nadie nace con habilidades sociales, aunque algunos tienen muchos más genes sociales que otros, sin embargo, construir conexiones y relaciones sociales es algo que cualquiera puede aprender.

No importa lo nervioso que te sientas en compañía de otros, puedes aprender a silenciar esa aprensión social y aumentar tu autoestima para tener más confianza en tus interacciones con los demás. No es necesario que cambie su personalidad, pero al aprender nuevas habilidades y adoptar un enfoque diferente, puede superar la timidez y disfrutar de amistades sólidas y satisfactorias con los demás.

Desarrollar y mejorar las habilidades sociales requiere práctica. Así como es imposible convertirse en un experto en el piano de la noche a la mañana, no espere sentirse cómodo socialmente sin esforzarse.

Dicho esto, puedes empezar poco a poco y dar un paso a la vez. Hay varias formas en que los estudiantes tímidos pueden ayudarse a sí mismos a lidiar con sus miedos. Incluyen:

1. Esfuérzate por sonreír cuando conozcas a un nuevo amigo en la escuela o cuando estés en compañía de alguien con quien estés dispuesto a entablar una amistad: Sonreír te relaja y elimina toda la aprensión y la ansiedad que se pueden estar acumulando en ti mientras lo intentas. para iniciar una conversación con la persona.

2. Aprenda a felicitar a los demás cuando tenga la oportunidad: Dar cumplidos le ayuda a romper el hielo y a familiarizarse más con los demás.

3. Haga a sus compañeros preguntas informales que no requieran una respuesta de sí o no: nunca haga preguntas que puedan responderse simplemente con "sí" o "no". Haga preguntas de una manera que impulse a la otra persona a hablar más sobre sí misma. Esto le ayudará a iniciar la conversación.

4. Haga preguntas de seguimiento que conduzcan a una conversación real: Haga preguntas de seguimiento que hagan que el encuestado hable más.

5. Finge hasta lograrlo: actúa como si tuvieras confianza hasta que realmente tengas confianza.

6. Ríete de ti mismo: La mayoría de las personas tímidas suelen tener miedo de los errores sociales. Ríete de tus propios errores. Esto reduce la tensión o la aprensión que puedas sentir. Si haces algo vergonzoso, utiliza el humor para poner las cosas en la perspectiva correcta.

7. Deje que la otra persona hable más: en lugar de preocuparse por sus escasas habilidades sociales, así como por sus miedos y aprensiones, cambie el enfoque de usted mismo a la otra persona y déjele hablar más. Haga preguntas abiertas que hagan que los demás hablen más extensamente sobre sí mismos, es decir, sus sueños, ambiciones, gustos, aversiones, valores, sistemas de creencias, etc. Simplemente asienta de vez en cuando de acuerdo con sus comentarios. En poco tiempo, te sentirás lo suficientemente cómodo y seguro como para mantener conversaciones muy interesantes con ellos y tu timidez y timidez desaparecerán.

8. Enfrenta tus miedos: Los estudiantes tímidos y tímidos suelen desarrollar miedos innecesarios al interactuar con sus compañeros, lo que les hace evitar situaciones e interacciones sociales. Debes aprender a afrontar tus miedos y trabajar en ellos. Descubra otras formas de afrontar sus miedos. Esto se debe a que el problema tiene posibilidades de exacerbarse y empeorar si no se atiende.

9. Consulte a un psicólogo o consejero: si todas las soluciones sugeridas anteriormente no le funcionan, intente buscar ayuda profesional. Visitar a un profesional de la salud mental le ayudará en gran medida a superar su timidez y timidez.

#3.

INTROVERSIÓN

La introversión es otro obstáculo que impide que los jóvenes forjen amistades reales en la escuela. Un introvertido es alguien con cualidades de un tipo de personalidad conocido como introversión. Los introvertidos suelen sentirse más cómodos concentrándose en sí mismos, en sus pensamientos e ideas internos, en lugar de en lo que sucede a su alrededor. Suelen disfrutar pasar tiempo con sólo una o dos personas, en lugar de grandes grupos o multitudes. Los introvertidos no hablan mucho y no son del tipo extrovertido ni sociable.

Es probable que los introvertidos sufran falta de amigos de calidad tanto en la escuela como en otros lugares. Los hallazgos indican que los introvertidos tienen más probabilidades de tener dificultades para hacer amigos que los no introvertidos. Aunque los introvertidos disfrutan mucho de estar solos, cuando el autoaislamiento se vuelve prolongado, puede aparecer la soledad.

De hecho, los introvertidos pueden mejorar su vida social al entablar más conversaciones con la gente. También pueden ayudar a su causa interesándose en lo que sucede en la vida de otras personas en lugar de centrarse sólo en ellos mismos. Deben esforzarse por construir una conexión social con sus compañeros y compañeros de escuela. Por último, los introvertidos pueden adoptar algunos de los principios compartidos hasta ahora en este libro sobre cómo hacer amigos y construir relaciones saludables en la escuela.

#4.

MIEDO AL RECHAZO

El miedo al rechazo es otro obstáculo importante que impide a los jóvenes hacer amigos y socializar en la escuela. Los estudiantes que anhelan la amistad de los demás en la escuela a menudo se ven retraídos por el miedo al rechazo. A menudo se dicen a sí mismos; "¿Qué pasa si rechaza mi solicitud de amistad?", "¿Qué pasa si ella no está interesada en ser mi amiga?" "Eso sería vergonzoso, doloroso y humillante"

No hay nada vergonzoso, doloroso o humillante en el hecho de que alguien no quiera ser tu amigo. Debes entender que no a todo el mundo le agradarás y querrá ser tu amigo. De hecho, no todo el mundo puede ser tu amigo. Así como a ti tampoco te agrada todo el mundo. ¿O te gustan todas las personas que se cruzan en tu camino o con las que entras en contacto? Si no te agradan todos, no esperes que a todos les agrades tú también. Definitivamente agradarás a algunos y desearán tu amistad, mientras que a otros no.

Estos patrones de pensamiento negativos a menudo impiden que los jóvenes que anhelan relaciones sociales en la escuela lo hagan. El miedo al rechazo es absolutamente innecesario e innecesario. Es completamente natural que no le gustes a alguien. No veas como malas personas a quienes rechazan tu oferta de amistad. Es completamente natural. El hecho de que alguien te haya rechazado no significa que otros lo harán. Sigue moviéndote. Sigue acercándote y pronto conocerás personas con ideas afines, con quienes compartes cosas en común y ves la vida desde la misma perspectiva.

#5.

DISCAPACIDAD O CONDICIÓN ANORMAL DE SALUD

La discapacidad de cualquier tipo, así como las condiciones de salud anormales, también pueden ser un engranaje en la rueda del progreso de la amistad entre los jóvenes. A los estudiantes con una discapacidad u otra les puede resultar difícil hacer amigos en la escuela. Al principio, dicho alumno necesita superar la autocompasión, la baja autoestima y la falta de confianza en sí mismo.El hecho de que esté discapacitado o padezca algún problema de salud no le convierte en un ser humano inferior a los demás. Hay ciertas habilidades, potenciales, cualidades y atributos que usted posee y que otros estudiantes no tienen. Su discapacidad no le impide exhibir esas maravillosas cualidades. Todo el mundo conoce sus puntos fuertes. Todos sabemos cosas para las que tenemos talento y que otros estudiantes no pueden intentar.

Centrarse en esas cosas y explorarlas más será clave para los estudiantes con discapacidad. En poco tiempo, otros empezarán a verlos más allá de su discapacidad. Su discapacidad será trivializada y pasada por alto, mientras que su autoestima, confianza y autoestima aumentarán dramáticamente.

Cuando esto sucede, los demás naturalmente querrán asociarse con ellos a pesar de su discapacidad o problema de salud. Ellos también empezarán a sentirse bien consigo mismos. Las discapacidades y las condiciones de salud anormales han impedido a muchos jóvenes disfrutar de una amistad y una conexión social de calidad con sus pares a lo largo de los años. Esto se debe a que el nivel de confianza de estos alumnos a menudo disminuye debido a su discapacidad. Estos estudiantes a menudo se sienten inseguros con sus compañeros, pensando que son mejores que ellos. También sienten que los demás están chismeando sobre ellos y su situación, o probablemente se están burlando de ellos.

Todo esto tiende a llevar a los estudiantes discapacitados a encerrarse en sus caparazones, encerrarse en sí mismos y negarse a acercarse a los demás o iniciar cualquier relación y conexión social saludable. La situación empeora si las personas que rodean a los estudiantes discapacitados no los apoyan. La situación se deteriora abismalmente cuando sus pares abusan de ellos con su discapacidad o problema de salud. Cuando eso sucede, iniciar y mantener relaciones sociales con sus pares se vuelve prácticamente imposible.

Sin embargo, es posible que los estudiantes con una discapacidad u otra tengan que ser fuertes mentalmente. Es posible que necesiten centrarse más en el panorama general y ser positivos acerca de su situación. Es posible que primero necesiten eliminar la autocompasión de sus vidas y concentrarse en las cosas positivas de sus vidas. Centrarse en sus áreas de fortaleza definitivamente será clave. Esto aportará un sentido de pertenencia y valor a su personalidad. Dondequiera que esté el valor, la gente tiende a acudir en masa. Estos alumnos deberían buscar y aprovechar sus potenciales inherentes. Esto contribuirá en gran medida a que los demás los vean con ojos diferentes a los de una persona discapacitada.

#6.

PROBLEMAS EMOCIONALES

Los problemas emocionales personales también pueden impedir que un alumno haga amigos en la escuela. Los estudiantes y alumnos que padecen un problema emocional u otro pueden preferir estar solos. Podrían decidir cortar los lazos con los amigos existentes y negarse a hacer otros nuevos.

Los estudiantes que atraviesan un problema emocional u otro deben aprender a ser fuertes y negarse a permitir que la situación afecte su vida social. Esto se debe a que la falta de conexión social y de amigos empeorará aún más la situación, ya que puede provocar depresión.

La pérdida de un ser querido o de uno de sus padres, por ejemplo, puede generar graves problemas emocionales en los jóvenes. Estos estudiantes pueden encontrar repulsiva la conexión social. Además, los estudiantes que sufren de ansiedad y depresión agudas probablemente tendrán dificultades para socializar en la escuela. Es posible que prefieran estar solos que con amigos.

Sin embargo, los estudiantes en estas situaciones pueden tener que ser fuertes mentalmente para superar la situación.

#7.

ACTITUD HOSTIL POR DISCRIMINACIÓN RACIAL, DE GÉNERO U OTRAS FORMAS DE DISCRIMINACIÓN

A algunos estudiantes les resulta difícil conectarse socialmente en la escuela debido a la discriminación racial, de género, religiosa y de otro tipo por parte de sus compañeros. Algunos estudiantes experimentan discriminación por parte de sus compañeros y compañeras de escuela debido a sus creencias religiosas y sexuales (LGBTIQ), así como a otras orientaciones personales.

Esto les sucede principalmente a estudiantes que viven en otro país con una cultura y creencias diferentes a las suyas. Los estudiantes del país o entorno de acogida pueden tener una visión diferente a la de los estudiantes inmigrantes o encontrar extrañas las creencias de los estudiantes inmigrantes. Esto podría dar lugar a discriminaciones de todo tipo.El estudiante migrante podría sufrir rechazo, soledad y soledad a consecuencia de esto en la escuela.

Cuando esto sucede, un cambio de escuela podría ser la decisión correcta.Esto se debe a que tener una conexión y relación social saludable es esencial para el bienestar físico, psicológico y emocional del estudiante. Se debe considerar una escuela menos racial o más tolerante por el bien de la salud mental del estudiante.

#8.

ABUSO SEXUAL Y FÍSICO POR PARTE DE PERSONAS DE CONFIANZA Y DEL SEXO OPUESTO

Los alumnos de la escuela que han sufrido abuso sexual y físico, ya sea por parte del sexo opuesto o por personas neutrales, pueden tener dificultades para hacer amigos en la escuela. Esto se debe a que puede resultarles difícil confiar en las personas lo suficiente como para desarrollar cualquier forma de intimidad social con ellos. Su última experiencia a menudo les hace guardar silencio y evitar socializar con los demás. Esta puede ser otra causa de la soledad que experimentan los jóvenes en la escuela.

#9.

TRAICIÓN DE PERSONAS DE CONFIANZA

Además, a los estudiantes de la escuela les resulta difícil construir relaciones sociales saludables con sus compañeros debido a sus experiencias pasadas con amigos. Han sido traicionados por amigos y personas de confianza en el pasado, por lo que temen que se repita esa experiencia. Por lo tanto, se mantienen solos y sin amigos. Pero la consecuencia de esto es que pueden experimentar soledad durante su vida escolar. Es posible que no tengan el privilegio de experimentar la diversión y la alegría de la vida escolar..

CAPÍTULO 2

SECRETOS PARA CONSTRUIR RELACIONES SOCIALES SALUDABLES EN LA ESCUELA

(28 mandamientos para hacer y conservar amigos en la escuela)

La incapacidad de hacer amigos, especialmente en la escuela, puede resultar deprimente. Sumerge a los alumnos en crisis emocionales que a menudo afectan su rendimiento académico. Un refrán dice; "Los amigos son la razón por la que sonreímos". Dios creó al hombre como una criatura social. No se puede vivir una vida feliz, llena de diversión y plena sin una relación social sana con los demás. Tener una vida social saludable implica tener amigos íntimos, confiables y de calidad a tu alrededor.

En este capítulo, veremos una serie de sencillos pasos y estrategias que pueden ayudar a los alumnos a hacer nuevos amigos en la escuela y disfrutar de relaciones sociales saludables con ellos. Las siguientes estrategias ayudarán a los jóvenes a construir la vida social saludable que anhelan durante todos estos años. Una vez que se haya abordado y solucionado el problema de la baja autoestima, la timidez, la timidez y la introversión, hacer y conservar amigos en la escuela ya no debería ser un problema. Los pasos y estrategias incluyen lo siguiente:

#1.

IDENTIFICA A LA PERSONA CON LA QUE TE INTERESA HACER AMIGOS

Para hacer nuevos amigos en la escuela, primero debes identificar a la persona o personas con las que te gustaría ser amigo. No todo el mundo puede ser tu amigo, así que tienes que ser exigente. Tienes que elegir tu círculo de amigos con cuidado.

Tienes que elegir a alguien o personas con quienes compartes los mismos valores y creencias. Tienes que elegir personas con ideas afines como amigos. Dicen que pájaros del mismo plumaje se juntan. Puede que estés desesperado por tener amigos, pero no permitas que tu desesperación te obligue a entablar amistad con personas de carácter cuestionable.

Tienes que elegir como amigos a personas responsables entre tus compañeros de escuela. Una vez que lo encuentre, eso nos llevará a la siguiente etapa.

#2.

¡NO SEAS TÍMIDO, SÉ VALIENTE!

Para hacer amigos en la escuela hay que ser valiente. Los amigos potenciales no pueden hacerte daño. Lo peor que pueden hacer es rechazar tu solicitud de amistad y, cuando sucede, no te quita nada. Eso no impedirá que otros sean amigos tuyos.

De hecho, si alguien rechaza tu solicitud de amistad, demuestra que ustedes no son compatibles ni comparten los mismos principios y filosofías sobre la vida. Si alguien te rechaza, esa persona se lo pierde. Esto se debe a que un verdadero amigo siempre buscará agregar valor a la vida de su amigo. Una vez que no tienes la intención de ser un amigo parásito, es una pérdida del individuo.

DA EL PRIMER PASO

Tienes que dar el primer paso si realmente estás interesado en hacer verdaderos amigos en la escuela. No puedes esperar que la otra persona se acerque a ti primero. Tú eres el que busca amigos, por eso rompes el hielo. Puedes comenzar saludando a la persona primero. Intercambiar saludos es una buena forma de empezar y presentarte. Por ejemplo, podrías decir: "Hola, mi nombre es Jack. Estoy en décimo grado, realmente me gustaría que fuéramos amigos. ¿Te importa si nos hacemos amigos? Realmente me gustaría ser un amigo".

Si eres demasiado tímido para seguir este camino, puedes tomar otro haciendo preguntas sobre asuntos escolares para los que ya tienes respuestas, sólo para empezar a hablar. También puedes pedir un favor que no necesitas solo para empezar a hablar con la persona que deseas tener como amigo, y luego presentarte. De esta manera, se habría construido un nivel de familiaridad. Siempre puedes retomarlo desde allí.

#4.

SONRISA

Aprende a sonreír. Nadie quiere ser amigo de una persona triste y de mal humor. Todo el mundo quiere ser amigo de gente feliz y jovial. Por eso hay que sonreír. Sonreír también te hace sentir cómodo al acercarte a tu posible amigo.

Smiles atrae hacia ti a tus compañeros y a tus otros compañeros de escuela. Sonreír te hace un poco más accesible. Hace que los demás se sientan cómodos cuando intentan relacionarse con usted o acercarse a usted también. Las personas que sonríen suelen tener más amigos que las que sonríen menos. Para que alguien se acerque a una persona desconocida se necesita mucho coraje. Sonreír definitivamente hará que sea un poco más fácil para los demás acercarse a ti. Entonces, si no sonríes con frecuencia, es posible que tengas que empezar ahora si realmente quieres hacer buenos amigos en la escuela.

#5.

TOMA EL CONTACTO DE TU POSIBLE AMIGO

Después de romper el hielo y ser presentado, es posible que tengas que contactar con tu posible amigo. Aunque esto podría ser innecesario ya que ustedes se ven casi todos los días en la escuela. Pero es posible que aún tengas que tomarlo más tarde, especialmente cuando se acercan las vacaciones o las vacaciones. Esto les permitirá continuar comunicándose durante las vacaciones. Puede tener el número de teléfono móvil o el correo electrónico de su posible amigo. Cuando vuestra amistad empiece a crecer, también podrías hacerle una visita en algún momento, y eso si a sus padres o tutores no les importa.

NO TE DESANIMES

Pero, en el caso de que tu posible amigo rechace tu solicitud de amistad (lo cual es muy poco probable), no te desanimes. El hecho de que alguien no quiera ser tu amigo no significa que otros no quieran serlo. Por lo tanto, esfuércese por comunicarse nuevamente cuando vea a otra persona con la que le gustaría ser amigo. No te sorprendas, no agradarás a todo el mundo. ¿Le sorprende esa afirmación? Ahora, comencemos con esta pregunta, ¿te gustan todos? Dado que a usted tampoco le agrada todo el mundo, no espere agradarle a todo el mundo. Naturalmente, a algunas personas no les agradarás, del mismo modo que a ti tampoco te agradan algunas personas de forma natural. Aunque esto no los convierte a ambos en malas personas, así son las cosas.

Así que no te sientas mal cuando alguien rechace tu oferta de amistad, más tarde conocerás a alguien cuyo oído conectará con el tuyo. Más tarde conocerás a alguien que te agradará y a quien a cambio le agradarás.

#7.

MANTENERSE EN CONTACTO

Si tiene éxito y obtuvo la aprobación de su posible amigo, esfuércese por mantenerse en contacto y entablar conversaciones significativas con él o ella todos los días. Puedes acercarte a su asiento, si estás en la misma clase, para un tete-a-tete periódico, o visitarlo si no estás en la misma clase.

La clave es una conversación regular, como conocerse más. Será necesario contarle más sobre usted, por ejemplo, sus antecedentes familiares, lo que le gusta, lo que no le gusta, su pasión, sus intereses, sus ambiciones, etc., y también le pedirá que haga lo mismo mientras lo escucha.

#8.

SER UNO MISMO

Esfuérzate por ser tú mismo si quieres hacer amigos duraderos en la escuela. No tienes que ser falso para intentar hacer amigos en la escuela. No es necesario que cambie su personalidad para adaptarse a la vida y el estilo de vida de su posible amigo. Por supuesto, tienes que eliminar los malos comportamientos y las actitudes negativas que hay en ti para tener una buena oportunidad, pero sin cambiar completamente tu personalidad ni perderte en un intento por complacer a un amigo potencial.

De hecho, no ser uno mismo te lleva a construir una falsa amistad que seguramente colapsará en cualquier momento. ¿Durante cuánto tiempo podrás mantener la simulación? ¿Hasta cuándo pretenderás ser lo que no eres? Te mereces un amigo al que le gustes tal como eres. Ser falso también te hará perder amigos con quienes tienes intereses similares. Por ejemplo, si te interesa el fútbol, la música y la tecnología, actúa como si no lo hicieras sólo para impresionar a un posible amigo te hará perder la amistad con alguien que tiene intereses similares a los tuyos.

#9.

HAGA PREGUNTAS DE SEGUIMIENTO

La mejor manera de conocer mejor a alguien es haciéndole preguntas sobre sus antecedentes y su vida. Pero hay que tener cuidado al hacer esto. Tienes que hacer tus preguntas de una manera no amenazante. No hagas demasiadas preguntas en tu primera conversación y también en las siguientes. No bombardees a tu nuevo amigo con preguntas. No puedes saber todo sobre tu amigo en un día.

No hagas preguntas delicadas en las primeras etapas de tu amistad, ya que esto puede hacer que tu nuevo amigo sospeche y se sienta incómodo. Puede presentarte como demasiado curioso o como un invasor de la privacidad de tu nuevo amigo. Posponga las preguntas delicadas y otras cuestiones para un momento posterior, cuando la amistad haya crecido a un nivel considerable.

#10.

MEMORIZA EL NOMBRE DE TU NUEVO AMIGO

El nombre de una persona suele ser el sonido o la melodía más dulce para sus oídos. Esfuérzate por memorizar el nombre de tu nuevo amigo y su pronunciación correcta. Es completamente imposible preguntar el nombre de tu nuevo amigo una y otra vez después de tu primera reunión. Es enviar un solo mensaje, y es que no valoras a la otra persona ni la amistad que eventualmente compartirás. Cuando recuerdas el nombre de tu nuevo amigo desde la primera reunión o mención, tu posible amigo se siente importante.

Además, aprende la pronunciación correcta del nombre de tu nuevo amigo. Puedes aprender esto durante tu primera introducción. Cuando su posible amigo se presente y pronuncie su nombre, puede seguir el ejemplo para saber cómo prefiere que se pronuncie su nombre. Esto aporta más cariño e intimidad a su amistad.

#11.

DESCUBRE LAS ÁREAS DE INTERÉS Y PASIÓN DE TU POSIBLE AMIGO

En su primera conversación, pregúntele con estilo a su posible amigo sobre sus áreas de intereses y pasiones. Esto no sólo te ayudará a conocer mejor a tu nuevo amigo, sino también a comprender por qué se comporta como lo hace. El propósito de esto se resaltará en el siguiente punto.

HABLA EN EL ÁREA DE INTERESES Y PASIÓN DE TU NUEVO AMIGO

Hablar en el área de interés y pasión de tu nuevo amigo lo sacará de su caparazón más rápido que cualquier otra cosa. Él se volverá cálido, libre y real contigo. Su conversación repentinamente cobrará vida y parecerá como si se conocieran desde hace años. Nada mata la timidez y la timidez en una persona excepto hablar en su área de interés.

Te sorprenderá lo fluido y elegante que será tu conversación. Se sorprenderá de lo satisfactorio y agradable que será la conversación. Si haces de esto un estilo de vida, harás muchos amigos de calidad en poco tiempo. La mejor y más agradable conversación que cualquiera puede tener es aquella que se centra en su área de interés y pasión.

#13.

SE UN BUEN OYENTE

En general, las personas se sienten cómodas estando rodeadas de personas que las escuchan pacientemente y escuchan lo que tienen que decir. Cuando eres un buen oyente, la gente amará y deseará hablar contigo. Naturalmente, anhelarán su compañía. Comenzarán a esperar con ansias tener una conversación con usted. También estarán dispuestos a abrirse y confiar en usted. De esta manera conocerás mejor a tu nuevo amigo.

A nadie le gusta una conversación en la que no se le da espacio para hablar. Deja que tu nuevo amigo hable todo mientras tú escuchas. Solo asiente con la cabeza de acuerdo con las palabras de tu nuevo amigo. A veces, también aportas una o dos ideas. De esta manera conocerás mejor a tu nuevo amigo, lo que te permitirá comprenderlo mejor.

Sin embargo, a medida que pase el tiempo, usted también tendrá su parte del tiempo de conversación. Llegará un momento en el que tu amigo querrá escuchar tu opinión sobre ciertos temas, es entonces cuando tú hablas y él escucha. En esta etapa, ya estás ocupando un lugar de influencia en la vida de tu nuevo amigo. Si haces esto de manera constante, te sorprenderá cómo tu círculo de

amigos y tu reputación social aumentarán de manera
inexplicable.

#14.

MANTENER EL CONTACTO VISUAL

La comunicación no se trata solo de palabras. Tu reacción y lenguaje corporal durante una conversación también son muy importantes. Mantener contacto visual cuando conversas con tu nuevo amigo demuestra que estás 100% interesado en la conversación y en lo que tu amigo tiene que decir. Mantener contacto visual demuestra que estás con él. Cuando tus ojos deambulan de un lado a otro, mirando hacia arriba y hacia abajo, o mirando de reojo, muestra falta de interés en la conversación y envía una señal equivocada a tu nuevo amigo. La falta de contacto visual durante las conversaciones también connota baja autoestima, falta de confianza en uno mismo, timidez o timidez. Cuando evitas el contacto visual, se perderán la emoción y la pasión que conlleva una conversación satisfactoria.

Con el tiempo, tu nuevo amigo ya no encontrará agradable ni satisfactoria la conversación contigo. En consecuencia, su amistad comienza a decaer y a apagarse. Esto se debe a que la columna vertebral de cualquier amistad es la comunicación. Cuando la comunicación es tensa, la amistad muere.

#15.

GESTICULAR

La comunicación nuevamente no se trata solo de palabras. El lenguaje corporal también desempeña un papel en la conversación y la comunicación efectivas. El uso de la expresión facial, el movimiento de las manos, etc. son claves para entender tu punto mientras mantienes conversaciones de calidad con tu nuevo amigo.

La gesticulación hace que tu conversación sea más interesante, animada y real. De hecho, otros compañeros de colegio que te vean charlando con tu nuevo amigo también estarán interesados en unirse a la conversación. Les interesará saber de qué están hablando. A largo plazo, ellos también podrían estar interesados en ser tus amigos.

#16.

HAGA UTILIZACIÓN DE SU SENTIDO DEL HUMOR

Haz sonreír o reír a tu nuevo amigo de vez en cuando. Haz pequeños chistes durante tus conversaciones. No seas tenso. No seas demasiado serio. A la gente le encanta estar rodeada de personas que les hacen sonreír o reír. No es necesario ser un bufón o un comediante para hacer sonreír a alguien. A la gente le encanta estar rodeada de personas que les hacen sonreír. Esfuércese por crear una atmósfera positiva y relajada en todo momento cuando esté en compañía de su nuevo amigo. Descubrirás que con el tiempo tu amigo se obsesionará tanto contigo que no podrá prescindir de ti.

#17.

SÉ AMABLE Y GENEROSO

Sea naturalmente amable con su nuevo amigo. Sea generoso también. Ser amable y generoso no se trata solo de dinero. No todo es dar regalos y cosas materiales. Puedes dar tu tiempo, puedes dar consejos, prestas oídos a tu nuevo amigo, especialmente en momentos de crisis (emocional). Puedes ayudar a tu amigo con su trabajo escolar. Puedes ofrecerte como voluntario para explicarle ciertos conceptos que a tu amigo le cuesta entender.

Puedes prestar poca, pequeña ayuda aquí y allá. Si su definición de bondad se refiere a darle regalos y dinero a su amigo, entonces se le podría dar por sentado. No me malinterpretes, no hay nada de malo en darle regalos, dinero o cosas materiales a tu nuevo amigo, pero no dejes que parezca que estás tratando de comprar su amistad.

Definitivamente puedes dar regalos y dinero, pero no te excedas. Cuando eres amable y generoso por naturaleza, agradarás a la gente y querrán ser tus amigos. Las personas generosas y amables suelen tener muchos amigos.

#18.

BUSCA FORMAS DE SER DE AYUDA

Para nutrir aún más su amistad con las personas, es posible que deba buscar formas de ayudarlos. La gente ama naturalmente a quienes les prestan ayuda. Cuando notes que tu nuevo amigo necesita una ayuda u otra, o tiene una necesidad inminente, no esperes hasta que te la pidan antes de satisfacerla. Si haces esto, tu amigo seguirá teniéndote en alta estima.

Naturalmente, nadie quiere tener un lastre o un parásito como amigo. Realmente no tiene sentido mantener a un amigo que no tiene ninguna utilidad o impacto en la vida de uno. Si tienes un amigo que no hace ninguna contribución positiva a tu vida, estoy seguro de que no pasará mucho tiempo antes de que elimines a ese amigo. Tienes que hacer que tu nuevo amigo sienta tu impacto en su vida. Tienes que hacerle sentir tu presencia en su vida de forma positiva. Si haces esto todo el tiempo, en poco tiempo tendrás muchos amigos en la escuela.

#19.

SEA GENEROSO CON LOS ELOGIOS

Esfuérzate por felicitar a tu nuevo amigo con regularidad y asegúrate de hacerlo de manera genuina. Los elogios hacen que los demás se sientan bien consigo mismos. Ayuda a aumentar la confianza en sí mismos y la estima de los demás. Cuando eres generoso con los elogios, tu amigo siempre se sentirá bien y seguro estando cerca de ti.

Puede felicitar la nueva apariencia, apariencia, rendimiento académico, habilidades sociales y otros maravillosos atributos de su amigo. Pero hay una gran advertencia a tener en cuenta aquí: asegúrese de felicitar siempre a su amigo genuinamente; de lo contrario, parecerá un halago y es posible que su amigo no lo tome en serio. De hecho, puede pensar que te estás burlando de él si el elogio es exagerado. Si haces esto con moderación y cuidado, así como de vez en cuando, te sorprenderá la cantidad de personas que anhelarán tu amistad. Esto se debe a que, naturalmente, a las personas les encanta ser amigos de aquellos que les hacen sentir bien consigo mismos.

#20.

MANTENGA UN REGISTRO DE FECHAS ESPECIALES EN LA VIDA DE SU NUEVO AMIGO

Para profundizar aún más su amistad con los demás, esfuércese por llevar un registro de las fechas especiales de sus vidas. Mantener registros de las fechas de nacimiento, fechas de aniversario y otras fechas importantes para su amigo aumentará el valor de su amistad. Tu amigo se sentirá amado y apreciará el hecho de que recuerdes sus días especiales. Esto enviará un mensaje positivo de que valoras a tu amigo y la amistad que ambos comparten. Sin duda, esto hará que tu amigo te ame más y esté dispuesto a hacer sacrificios para que tu amistad crezca aún más.

#21

TRATAR A LOS DEMÁS CON RESPETO

A nadie le gusta un individuo que le falta el respeto a los demás. Nadie anda con alguien que trata a los demás con desprecio, falta de respeto y descrédito. Si quieres tener muchos amigos, debes aprender a tratar a los demás con respeto, incluido tu nuevo amigo.

Así como no quieres que los demás te falten el respeto, tú también debes aprender a respetar a los demás, incluido tu nuevo amigo. Ser grosero e irrespetuoso es un obstáculo en el negocio de hacer amigos y construir relaciones sociales saludables con los demás.

#22.

INTERÉSATE POR LO QUE PASA EN LA VIDA DE OTRAS PERSONAS

La mejor manera de hacer amigos en la escuela y construir relaciones sociales saludables con los demás es interesarse por lo que sucede en la vida de otras personas.

Las personas pasan por momentos difíciles que no quieren que los demás sepan. Pero, cuando estás interesado en lo que sucede en la vida de otras personas, llegas a conocer más de sus secretos y esto genera más intimidad entre tú y ellos. Te vuelves más relevante en sus vidas mientras intentas ofrecerles todo el apoyo que puedas brindarles.

Interesarse en eventos y acontecimientos en la vida de tu amigo es una buena manera de mantener una mayor intimidad en tu amistad. Naturalmente, la gente no quiere hablar de sus problemas personales a menos que la interroguen. Cuando haces esto con frecuencia, agradas aún más a los demás..

#23.

EVITE ARGUMENTOS

Para hacer amigos de calidad en la escuela y construir relaciones sociales confiables, es necesario aprender a respetar las opiniones y los puntos de vista de otras personas sobre los asuntos. Tienes que ser muy flexible en tu forma de pensar si quieres tener éxito en el negocio de hacer amigos.

Evite las discusiones tanto como sea posible. Aprenda a adaptarse también al punto de vista de su amigo. No seas demasiado imponente ni dominante. Evite imponer sus puntos de vista a su amigo y a los demás. De esta manera haces más amigos.

Además, a veces deja que tu amigo gane las discusiones. Permitir que tus amigos ganen discusiones de vez en cuando aumentará su autoestima y los hará sentir importantes también. Haz esto deliberadamente a veces para que tus amigos se sientan más cómodos contigo.

#24.

SER EMPÁTICO

Las personas empáticas hacen amigos fácilmente y construyen maravillosas relaciones sociales con los demás. Ser empático es la capacidad de sentir las emociones de otras personas. es la capacidad de saber cuando otros están tristes, infelices o deprimidos y al mismo tiempo mostrarse genuinamente preocupado por ellos. Ser empático es el hábito que se puede aprender. Atrae a la gente más cerca de ti y te presenta como una persona cariñosa y benévola, fortaleciendo así aún más tu vínculo de amistad con los demás.

#25.

DEJA QUE TU AMIGO TE EXTRAÑO A VECES

Cuando estés demasiado disponible, tu amigo podría empezar a darte por sentado. Es posible que tu amigo empiece a tener la sensación de que no puedes vivir sin él o ella. A veces, sea escaso. No esté disponible deliberadamente solo para que su amigo se dé cuenta de su valor y valor.

Sin embargo, antes de aplicar este principio, asegúrese de que su amistad haya crecido a un nivel considerable. No puedes deliberadamente dejar de estar disponible para tu amigo cuando tu amistad aún es muy joven. Esto destruirá aún más la amistad. Pero la verdad es que la gente, naturalmente, no valora nada a lo que tiene acceso gratuito y sin restricciones. En consecuencia, hacer que tu amigo te extrañe a veces no está fuera de lugar.

26

MANTENER UNA HIGIENE ADECUADA

No puedes tener un olor corporal desagradable, un olor bucal repulsivo o ropa y apariencia malolientes y esperar tener amigos. Nadie quiere identificarse con una persona sucia ni acercarse a ella. Para hacer y mantener amigos de calidad en la escuela, debes cuidarte bien y mantener una higiene adecuada para garantizar que todas las estrategias mencionadas anteriormente funcionen.

Aplica desodorantes, perfumes y luce lo mejor posible en todo momento. Todo el mundo quiere identificarse con personas de buena apariencia y apariencia. La buena apariencia no se trata solo de ser súper guapo o hermoso. Tiene que ver con el mantenimiento de una higiene adecuada y una apariencia digna.

#27.

VESTIRSE RESPONSABLEMENTE

Un proverbio dice "la forma en que te vistes es la forma en que te tratarán". Cuando te vistes indecentemente, no esperes tener como amigos a personas decentes. Sólo atraerás tus gustos. Otro proverbio dice que "pájaros del mismo plumaje se juntan". Tu apariencia y tu sentido de vestir a veces determinan la calidad de las personas que atraerás como amigos. Tienes que lucir decente y responsable en todo momento. Esto es más aplicable a estudiantes universitarios u otros estudiantes que asisten a escuelas sin uniforme. Usar ropa reveladora y ropa sexualmente sugerente es un desvío en el negocio de construir relaciones sociales de calidad en la escuela.

#28.

IDENTIFICA, EXPLORA Y DESTACA TUS ÁREAS DE FORTALEZA

Por último, no hay mejor manera de hacer amigos en la escuela que explorar y hacer alarde de tus áreas fuertes. Explorar y exhibir tus áreas fuertes no sólo aumenta tu confianza en ti mismo y tu autoestima, sino que también hace que otros se interesen en ti. Naturalmente, algunos de tus compañeros querrán ser amigos tuyos. Esto se debe a que todo el mundo quiere asociarse con personas exitosas. Nadie quiere asociarse con un fracaso. El éxito atrae a muchos amigos mientras que el fracaso hace todo lo contrario.

No se sorprenda, muchos de sus colegas y compañeros de escuela se acercarán a usted por su amistad cuando comience a exhibir sus cualidades y atributos personales positivos. Por ejemplo, si la brillantez académica es una de tus fortalezas, asegúrate de hacer alarde de ella y exhibirla bien. Te conseguirá más amigos. Del mismo modo, si se trata de habilidades vocacionales como habilidades deportivas, habilidades culinarias y otras habilidades, esfuércese por mostrarlas y ser mejor en ellas, atraerá a más amigos de los que pueda imaginar. En consecuencia, no tendrás que pasar por la escuela secundaria, la universidad o la universidad solo y miserable.

ULTIMA PALABRA

En conclusión, si pones en práctica todos los pasos y estrategias mencionados en este capítulo, la incapacidad de hacer amigos de calidad en la escuela será cosa del pasado, mientras que hacer y conservar amigos de calidad se convertirá en tu segunda naturaleza. Esfuércese por incorporar todas las estrategias de amistad analizadas en este capítulo en su vida y rutina diarias y observe cómo su vida social adquiere prominencia de alto nivel.

DEJAR UNA RESEÑA

Si este libro le resultó útil, envíe una reseña para ayudar a crear conciencia al respecto. Su revisión contribuirá en gran medida a convencer a otros de que compren y se beneficien también. Para escribir su reseña, visite el siguiente enlace y haga clic en el libro para escribir su reseña honesta:

https://www.amazon.com/dp/

Para aclaraciones, preguntas y otras consultas, comuníquese con el autor al +2348067009303 (WhatsApp) o envíe un correo electrónico a gtreasure35@gmail.com.

Muchas gracias.

SOBRE EL AUTOR

S. G Treasure es un Life-Coach y novelangelista de renombre mundial. Es autor de muchos libros sobre la fe, las relaciones, la carrera y el desarrollo de la capacidad humana. Dirige un ministerio de aliento dedicado a alentar a las personas que atraviesan momentos difíciles y difíciles en todo el mundo.

Visite el siguiente enlace para ver otros libros escritos por el autor:

https://www.amazon.com/author/sg_treasure

OTROS LIBROS ÚTILES ESCRITOS POR EL AUTOR

SUPERAR LA SOLEDAD EN LA JOVEN Y LA VEJEZ: *Construyendo relaciones sociales saludables y una vida libre de soledad*

Descripción: La soledad es un sentimiento no deseado de aislamiento (ya sea físico o psicológico) ayudado por la falta de conexión social con los demás. Es un estado de no tener un amigo o compañero cercano que lo deja a uno triste. Es una emoción muy peligrosa que puede ayudar o alimentar los problemas psicológicos y de salud más mortales que cualquiera pueda tener. La soledad sigue siendo uno de los atajos más cortos hacia la depresión, ya que alimenta el pensamiento excesivo, la presión arterial alta, los problemas cardiovasculares y otras enfermedades mortales. Mata a sus víctimas lentamente, lo que lo convierte en uno de los mayores enemigos del hombre. En vista de esto, se ha escrito el libro **"SUPERAR LA SOLEDAD EN LA JOVEN Y LA VEJEZ"**. El libro ha sido publicado para ayudar a las víctimas de la soledad a superar su flagelo. El libro ofrece a sus lectores soluciones prácticas para superar la soledad tanto en la juventud como en la vejez. El libro contiene siete capítulos que desmitifican a fondo el significado, tipos, síntomas, causas, efectos y forma de salir de la soledad. En consecuencia, todos aquellos que luchan contra la soledad (ya sea situacional o crónica) encontrarán en este libro una útil guía de autoayuda que los sacará de la soledad y les llevará a la prominencia social. ¡Bienvenido a bordo!

Longitud de página: 115 páginas

Para obtener una copia del libro, visite el siguiente enlace:

https://www.amazon.com/dp/B0CK26WL74

✓ COMO NO AMAR A UN HOMBRE

12 comportamientos amorosos que exhiben las mujeres solteras y que acaban con el amor de los hombres por ellas

Descripción: Uno podría preguntarse por qué una mujer soltera, después de atraer a un buen hombre, no puede retenerlo a largo plazo. La razón de esto no es descabellada. Hay muchos gestos de amor inocentes que las mujeres solteras exhiben en sus relaciones y que matan el amor de los hombres por ellas. Si estos inocentes comportamientos amorosos no se abordan, podrían convertirse a largo plazo en un engranaje en la rueda del progreso de la relación para cualquier mujer. Los hombres están conectados de manera diferente y la falta de esta comprensión puede hacer que una mujer destruya inocentemente los sentimientos románticos de su pareja hacia ella sin siquiera saberlo. En vista de esto, se ha publicado el libro **"CÓMO NO AMAR A UN HOMBRE:** *12 gestos de amor que las mujeres solteras exhiben que matan el amor de los hombres por ellas"*. El libro ha sido escrito para educar a las mujeres solteras sobre 12 gestos románticos que exhiben y que matan el amor de los hombres por ellas. Por lo tanto, las mujeres solteras que deseen llevar sus aventuras amorosas al siguiente nivel en muy poco tiempo encontrarán este libro muy beneficioso, útil e irresistible. ¡La bienvenida a bordo!

Longitud de página: 105 páginas

Para obtener una copia del libro, visite el siguiente enlace:

https://www.amazon.com/dp/B0CK3XGD5N

✓ **ESCRITOS DE ALIENTO PARA LOS DEPRIMIDOS:** *Un compendio de 15 poderosos escritos de aliento que lo sacarán de la depresión, la soledad, la desesperanza y la desesperación*

Descripción: Los tiempos difíciles son inevitables para todo aquel que respira. Asimismo, la vida es una montaña rusa incierta y llena de altibajos. Todo el mundo pasa por momentos difíciles, pero la forma en que gestionamos y respondemos a los desafíos nos diferencia de los demás. Quienes perseveran y superan esos momentos difíciles, eventualmente logran el éxito. En vista de esto, se ha publicado el libro **"ESCRITOS DE ALIENTO PARA LOS DEPRIMIDOS"**. El libro ha sido escrito para ayudar a quienes están pasando por un momento difícil u otro a seguir adelante y superarlo. El libro ofrece a todas las personas que atraviesan momentos difíciles y difíciles todo el apoyo, el consuelo y el consuelo que necesitan, con la seguridad de que lo superarán. El libro es un manual de aliento que diariamente recuerda a sus lectores que no están solos. El libro contiene 15 escritos poderosos, inspirados por Dios y orientados a soluciones, capaces de devolverle la vida a toda persona deprimida y ponerla de pie con las mejores sonrisas del mundo.

Extensión del libro: 121 páginas.

Para obtener una copia del libro, visite el siguiente enlac:

https://www.amazon.com/dp/B0C9.L9M3BT

BIBLIOGRAPHY

https://en.m.wiktionary.org/wiki/lonely

https://simple.m.wiktionary.org/wiki/lonely

https://en.m.wiktionary.org/wiki/soledad

https://en.m.wikipedia.org/wiki/Soledad

https://en.m.wikipedia.org/wiki/Solitude

https://en.m.wikipedia.org/wiki/Timidez

https://en.m.wikipedia.org/wiki/Social_anxiety

https://en.m.wikipedia.org/wiki/Social_anxiety_disorder

https://en.m.wikipedia.org/wiki/Social_isolation

https://en.m.wikipedia.org/wiki/Autophobia

https://en.m.wikipedia.org/wiki/Individualismo

https://en.m.wikipedia.org/wiki/Interpersonal_relationship

https://en.m.wikipedia.org/wiki/Loner

https://en.m.wikipedia.org/wiki/Pit_of_despair

https://en.m.wikipedia.org/wiki/Schizoid_personality_disorder

https://en.m.wiktionary.org/wiki/miedo

https://en.m.wiktionary.org/wiki/Category:en:Miedo

https://en.m.wiktionary.org/wiki/Category:Miedo

https://en.m.wiktionary.org/wiki/Category:Miedo

https://en.m.wikipedia.org/wiki/Miedo

https://en.m.wikipedia.org/wiki/F.E.A.R.

https://en.m.wikipedia.org/wiki/List_of_phobias

https://en.m.wikipedia.org/wiki/Anxiety

https://en.m.wikipedia.org/wiki/Anxiety_disorder

https://simple.m.wikipedia.org/wiki/Anxiety

https://en.m.wiktionary.org/wiki/anxiety

https://en.m.wiktionary.org/wiki/anxious

https://simple.m.wiktionary.org/wiki/anxiety

https://en.m.wiktionary.org/wiki/anxiety_disorder

https://en.m.wikipedia.org/wiki/Interpersonal_attraction

https://en.m.wikipedia.org/wiki/Reciprocal_liking

https://en.m.wikipedia.org/wiki/Friendship

https://simple.m.wikipedia.org/wiki/Friendship

https://en.m.wikipedia.org/wiki/Soledad

https://en.m.wikipedia.org/wiki/Social_isolation

https://en.m.wikipedia.org/wiki/Mental_health

https://en.m.wikipedia.org/wiki/Loner

https://en.m.wikipedia.org/wiki/Timidez

https://en.m.wiktionary.org/wiki/timidity

https://en.m.wikipedia.org/wiki/Autoestima

https://simple.m.wikipedia.org/wiki/Autoestima

https://en.m.wikipedia.org/wiki/Self-estima_instability

https://en.m.wiktionary.org/wiki/moody

https://en.m.wiktionary.org/wiki/shy

https://en.m.wikipedia.org/wiki/Extraversion_and_introversion

Notas

Notas

Notas

Notas

Notas

Notas

Notas

Notas

Notas